書名：地理法門全書
系列：心一堂術數珍本古籍叢刊　堪輿類
作者：仗溪子、芝罘子
主編、責任編輯：陳劍聰
心一堂術數珍本古籍叢刊編校小組：陳劍聰　素聞　梁松盛　鄒偉才　虛白盧主
出版：心一堂有限公司
地址／門市：香港九龍尖沙咀東麼地道六十三號好時中心LG　六十一室
電話號碼：+852-6715-0840
網址：www.sunyata.cc
電郵：sunyatabook@gmail.com
網上書店：http://book.sunyata.cc
網上論壇：http://bbs.sunyata.cc/
版次：二零一三年九月初版
平裝
港幣　九十八元正
定價：人民幣　九十八元正
新台幣　二百九十八元正
國際書號：ISBN 978-988-8266-00-5

香港及海外發行：香港聯合書刊物流有限公司
地址：香港新界大埔汀麗路三十六號中華商務印刷大廈三樓
電話號碼：+852-2150-2100
傳真號碼：+852-2407-3062
電郵：info@suplogistics.com.hk
台灣發行：秀威資訊科技股份有限公司
地址：台灣台北市內湖區瑞光路七十六巷六十五號一樓
電話號碼：+886-2-2796-3638
傳真號碼：+886-2-2796-1377
網路書店：www.govbooks.com.tw
www.bodbooks.com.tw
經銷：易可數位行銷股份有限公司
地址：台灣新北市新店區寶橋路二三五巷六弄三號五樓
電話號碼：+886-2-8911-0825
傳真號碼：+886-2-8911-0801
email：book-info@ecorebooks.com
易可部落格：http://ecorebooks.pixnet.net/blog
中國大陸發行・零售：心一堂書店
深圳地址：中國深圳羅湖立新路六號東門博雅負一層零零八號
電話號碼：+86-755-8222-4934
北京地址：中國北京東城區雍和宮大街四十號
心一店淘寶網：http://sunyatacc.taobao.com

心一堂術數古籍珍本叢刊 總序

術數定義

術數，大概可謂以「推算、推演人（個人、群體、國家等）、事、物、自然現象、時間、空間方位等規律及氣數，並或通過種種『方術』，從而達致趨吉避凶或某種特定目的」之知識體系和方法。

術數類別

我國術數的內容類別，歷代不盡相同，例如《漢書・藝文志》中載，漢代術數有六類：天文、曆譜、無行、蓍龜、雜占、形法。至清代《四庫全書》，術數類則有：數學、占候、相宅相墓、占卜、命書、相書、陰陽五行、雜技術等，其他如《後漢書・方術部》、《藝文類聚・方術部》、《太平御覽・方術部》等，對於術數的分類，皆有差異。古代多把天文、曆譜、及部份數學均歸入術數類，而民間流行亦視傳統醫學作為術數的一環；此外，有些術數與宗教中的方術亦往往難以分開。現代學界則常將各種術數歸納為五大類別：命、卜、相、醫、山，通稱「五術」。

本叢刊在《四庫全書》的分類基礎上，將術數分為九大類別：占筮、星命、相術、堪輿、選擇、三式、讖緯、理數（陰陽五行）、雜術。而未收天文、曆譜、算術、宗教方術、醫學。

術數思想與發展——從術到學，乃至合道

我國術數是由上古的占星、卜蓍、形法等術發展下來的。其中卜蓍之術，是歷經夏商周三代而通過「龜卜、蓍筮」得出卜（卦）辭的一種預測（吉凶成敗）術，之後歸納並結集成書，此即現傳之《易經》。經過春秋戰國至秦漢之際，受到當時諸子百家的影響、儒家的推崇，遂有《易傳》等的出現，原本是卜蓍術書的《易經》，被提升及解讀成有包涵「天地之道（理）」之學。因此，《易・繫辭傳》曰：「易與天地準，故能彌綸天地之道。」

漢代以後，易學中的陰陽學說，與五行、九宮、干支、氣運、災變、律曆、卦氣、讖緯、天人感應說等相結

合，形成易學中象數系統。而其他原與《易經》本來沒有關係的術數，如占星、形法、選擇，亦漸漸以易理（象數學說）為依歸。《四庫全書·易類小序》云：「術數之興，多在秦漢以後。要其旨，不出乎陰陽五行，生尅制化。實皆《易》之支派，傅以雜說耳。」至此，術數可謂已由「術」發展成「學」。

及至宋代，術數理論與理學中的河圖洛書、太極圖、邵雍先天之學及皇極經世等學說給合，通過術數以演繹理學中「天地中有一太極，萬物中各有一太極」（《朱子語類》）的思想。術數理論不單已發展至十分成熟，而且也從其學理中衍生一些新的方法或理論，如《梅花易數》、《河洛理數》等。

在傳統上，術數功能往往不止於僅僅作為趨吉避凶的方術，及「能彌綸天地之道」的學問，亦有其「修心養性」的功能，「與道合一」（修道）的內涵。《素問·上古天真論》：「上古之人，其知道者，法於陰陽，和於術數。」數之意義，不單是外在的算數、歷數、氣數，而是與理學中同等的「道」、「理」——心性的功能，北宋理氣家邵雍對此多有發揮：「聖人之心，是亦數也」、「萬化萬事生乎心」、「心為太極」。《觀物外篇》：「先天之學，心法也。……蓋天地萬物之理，盡在其中矣，心一而不分，則能應萬物。」反過來說，宋代的術數理論，受到當時理學、佛道及宋易影響，認為心性本質上是等同天地之太極。天地萬物氣數規律，能通過內觀自心而有所感知，即是內心也已具備有術數的推演及預測、感知能力；相傳是邵雍所創之《梅花易數》，便是在這樣的背景下誕生。

《易·文言傳》已有「積善之家，必有餘慶；積不善之家，必有餘殃」之說，至漢代流行的災變說及讖緯說，我國數千年來都認為天災，異常天象（自然現象），皆與一國或一地的施政者失德有關；下至家族、個人之盛衰，也都與一族一人之德行修養有關。因此，我國術數中除了吉凶盛衰理數之外，人心的德行修養，也是趨吉避凶的一個關鍵因素。

術數與宗教、修道

在這種思想之下，我國術數不單只是附屬於巫術或宗教行為的方術，又往往已是一種宗教的修煉手段——通過術數，以知陰陽，乃至合陰陽（道）。「其知道者，法於陰陽，和於術數。」例如，「奇門遁甲」術中，即分為「術奇門」與「法奇門」兩大類。「法奇門」中有大量道教中符籙、手印、存想、內煉的內容，是道教內丹外法的一種重要外法修煉體系。甚至在雷法一系的修煉上，亦大量應用了術數內容。此外，相術、堪輿術中也有修煉望氣色的方法；堪輿家除了選擇陰陽宅之吉凶外，也有道教中選擇適合修道環境（法、財、侶、地中的地）的方法，以至通過堪輿術觀察天地山川陰陽之氣，亦成為領悟陰陽金丹大道的一途。

易學體系以外的術數與的少數民族的術數

我國術數中，也有不用或不全用易理作為其理論依據的，如楊雄的《太玄》、司馬光的《潛虛》。也有一些占卜法、雜術不屬於《易經》系統，不過對後世影響較少而已。

外來宗教及少數民族中也有不少雖受漢文化影響（如陰陽、五行、二十八宿等學說）但仍自成系統的術數，如古代的西夏、突厥、吐魯番等占卜及星占術，藏族中有多種藏傳佛教占卜術、苯教占卜術、擇吉術、推命術、相術等；北方少數民族有薩滿教占卜術；不少少數民族如水族、白族、布朗族、佤族、彝族、苗族等，皆有占雞（卦）草卜、雞蛋卜等術，納西族的占星術、占卜術，彝族畢摩的推命術、占卜術…等等，都是屬於《易經》體系以外的術數。相對上，外國傳入的術數以及其理論，對我國術數影響更大。

曆法、推步術與外來術數的影響

我國的術數與曆法的關係非常緊密。早期的術數中，很多是利用星宿或星宿組合的位置（如某星在某州或某宮某度）付予某種吉凶意義，并據之以推演，例如歲星（木星）、月將（某月太陽所躔之宮次）等。不過，由於不同的古代曆法推步的誤差及歲差的問題，若干年後，其術數所用之星辰的位置，已與真實星辰的位置不一樣了；此如歲星（木星），早期的曆法及術數以十二年為一周期（以應地支），與木星真實周期十一點八六年，每幾十年便錯一宮。後來術家又設一「太歲」的假想星體來解決，是歲星運行的相反，週期亦剛好是十二年。而術數中的神煞，很多即是根據太歲的位置而定。又如六壬術中的「月將」，原是立春節氣後太陽躔娵訾之次而稱作「登明亥將」，至宋代，因歲差的關係，要到雨水節氣後太陽才躔娵訾之次，當時沈括提出了修正，但明清時六壬術中「月將」仍然沿用宋代沈括修正的起法沒有再修正。

由於以真實星象周期的推步術是非常繁複，而且古代星象推步術本身亦有不少誤差，大多數術數除依曆書保留了太陽（節氣）、太陰（月相）的簡單宮次計算外，漸漸形成根據干支、日月等的各自起例，以起出其他具有不同含義的眾多假想星象及神煞系統。唐宋以後，我國絕大部份術數都主要沿用這一系統，也出現了不少完全脫離真實星象的術數，如《子平術》、《紫微斗數》、《鐵版神數》等。後來就連一些利用真實星辰位置的術數，如《七政四餘術》及選擇法中的《天星選擇》，也已與假想星象及神煞混合而使用了。

隨着古代外國曆（推步）、術數的傳入，如唐代傳入的印度曆法及術數，元代傳入的回回曆等，其中我國占星術便吸收了印度占星術中羅睺星、計都星等而形成四餘星，又通過阿拉伯占星術而吸收了其中來自希臘、巴比倫占星術的黃道十二宮、四元素學說（地、水、火、風），並與我國傳統的二十八宿、五行說、神煞系統並存而形成《七政四餘術》。此外，一些術數中的北斗星名，不用我國傳統的星名：天樞、天璇、天璣、天權、玉衡、開陽、搖光，而是使用來自印度梵文所譯的：貪狼、巨門、祿存、文曲，廉貞、武曲、破軍等，此明顯是受到唐代從印度傳入的曆法及占星術所影響。如星命術的《紫微斗數》及堪輿術的《撼龍經》等文獻中，其星皆用印度譯名。及至清初《時憲曆》，置潤之法則改用西法「定氣」。清代以後的術數，又作過不少的調整。

術數在古代社會及外國的影響

術數在古代社會中一直扮演着一個非常重要的角色，影響層面不單只是某一階層、某一職業、某一年齡的人，而是上自帝王，下至普通百姓，從出生到死亡，不論是生活上的小事如洗髮、出行等，大事如建房、入伙、出兵等，從個人、家族以至國家，從天文、氣象、地理到人事、軍事，從民俗、學術到宗教，都離不開術數的應用。如古代政府的中欽天監（司天監），除了負責天文、曆法、輿地之外，亦精通其他如星占、選擇、堪輿等術數，除在皇室人員及朝庭中應用外，也定期頒行日書、修定術數，使民間對於天文、日曆用事吉凶及使用其他術數時，有所依從。

在古代，我國的漢族術數，甚至影響遍及西夏、突厥、吐蕃、阿拉伯、印度、東南亞諸國、朝鮮、日本、越南等地，其中朝鮮、日本、越南等國，一至到了民國時期，仍然沿用着我國的多種術數。

術數研究

術數在我國古代社會雖然影響深遠，「是傳統中國理念中的一門科學，從傳統的陰陽、五行、九宮、八卦、河圖、洛書等觀念作大自然的研究。……傳統中國的天文學、數學、煉丹術等，要到上世紀中葉始受世界學者肯定。可是，術數還未受到應得的注意。術數在傳統中國科技史、思想史，文化史、社會史，甚至軍事史都有一定的影響。……更進一步了解術數，我們將更能了解中國歷史的全貌。」（何丙郁《術數、天文與醫學 中國科技史的新視野》，香港城市大學中國文化中心。）

可是術數至今一直不受正統學界所重視，加上術家藏秘自珍，又揚言天機不可洩漏，「（術數）乃吾國科學與哲學融貫而成一種學說，數千年來傳衍嬗變，或隱或現，全賴一二有心人為之繼續維繫，賴以不絕，其中確有學術上研究之價值，非徒癡人說夢，荒誕不經之謂也。其所以至今不能在科學中成立一種地位者，實有數困。蓋古代士大夫階級目醫卜星相為九流之學，多恥道之；而發明諸大師又故為惝恍迷離之辭，以待後人探索；間有一二賢者有所發明，亦秘莫如深，既恐洩天地之秘，復恐譏為旁門左道，始終不肯公開研究，成立一有系統說明之書籍，貽之後世。故居今日而欲研究此種學術，實一極困難之事。」（民國徐樂吾《子平真詮評註》，方重審序）

現存的術數古籍，除極少數是唐、宋、元的版本外，絕大多數是明、清兩代的版本。其內容也主要是明、清兩代流行的術數，唐宋以前的術數及其書籍，大部份均已失傳，只能從史料記載、出土文獻、敦煌遺書中稍窺一麟半爪。

術數版本

坊間術數古籍版本，大多是晚清書坊之翻刻本及民國書賈之重排本，其中豕亥魚魯，或而任意增刪，往往文意全非，以至不能卒讀。現今不論是術數愛好者，還是民俗、史學、社會、文化、版本等學術研究者，要想得一常見術數書籍的善本、原版，已經非常困難，更遑論稿本、鈔本、孤本。在文獻不足及缺乏善本的情況下，要想對術數的源流、理法、及其影響，作全面深入的研究，幾不可能。

有見及此，本叢刊編校小組經多年努力及多方協助，在中國、韓國、日本等地區搜羅了一九四九年以前漢文為主的術數類善本、珍本、鈔本、孤本、稿本、批校本等千餘種，精選出其中最佳版本，以最新數碼技術清理、修復版面，更正明顯的錯訛，部份善本更以原色精印，務求更勝原本，以饗讀者。不過，限於編校小組的水平，版本選擇及考證、文字修正、提要內容等方面，恐有疏漏及舛誤之處，懇請方家不吝指正。

心一堂術數古籍珍本叢刊編校小組

二零零九年七月

仗溪
芝罘祖師合著

地理法門全書

俞復敬題

五大印務局代印

民國丙寅仲冬無
錫溥仁慈善會印

每部收回工料洋壹角

地理法門緣起

憶自季夏。僕與夏君伯周。俱抱采薪之憂。同往城南顧氏之溥仁壇。敬求　仙方。見其乩盤運用之法。乃退而思仿其製。命二三生徒。於每夜人靜時。在塾焚香演習。始則本宅　錢宅神到壇。略見數字。往復迴旋。練至半月後。手法始行純熟。則　錢宅神之苦心孤詣。不可言喻。及叩求諸仙降鸞。有感卽至。方無不靈。服無不效。所宣　訓示。皆啟聵振聵之言。令人思之。不覺名利之心俱淡。其有功於世道人心者。不少亦以見

諸仙佛救世之苦心也。及九月十八日。乃蒙

北方救苦眞人下降親爲主任錄僕等爲皈依弟子定其名爲
共樂壇嚴立規條分醫員十七位學員十六位科員二十
位分科任事以應所求
仗溪仙師即科員中之一也生前頗精堪輿之學因伯周爲其
先人卜地奔走年餘未獲定所以地理之書先哲所著如
汗牛充棟後世習之者各有專家遂各神其術是己非人
以此意見紛歧莫衷一是乃於十月二十五日默禱於壇
前祈　示方針蒙
仗溪仙師臨壇指示迷津著爲地理法門一書以示世人以開
覺路倘能融會其眞詮庶不致爲風水家所惑也僕於此

道。本非素習。見其法淺而易。詞簡而賅。有益於仁人孝子者不少。爰爲編次。付諸剞劂。以公世。好世有見之者。幸勿以欺世炫俗目之。是則鄙意之所厚望焉。

民國戊午年仲冬月　日邗東居士星聯氏識於粱溪之映山草廬

地理法門總序

仗溪子著

地理胡言乎。曰、察其地勢。而論其理也。地死物也。胡有勢。胡有理。此不通之論也。有識者曰。吁、其理其勢。非爾所知也。不知而曰不通。豈可乎哉。夫地氣也。失其氣則死矣。理勢也。失其勢則地絕矣。有氣、而後可曰勢。無勢、亦豈可曰理。各有脣齒關係也。胡言乎氣。陰陽旺衰之氣也。胡言乎勢。山川環抱之勢也。胡言、乎理。起伏變動之理也。胡言乎宜。砂水方向之宜也。是故論地理者。必求理勢宜氣。得是四者。而後可以與言地理。不然。目不識丁。烏可論是道哉。或又詢曰。夫地有理。有氣。有勢。有宜。固知之矣。若關乎盛衰旺絕者。又何也。余曰、氣宜合。合則凝。凝而生秀勢宜崢崢則嶸嶸而有情理宜抱抱則環環而有勢宜不能射射則斜斜而無理故宜者論砂水也勢者論龍脈也氣者論五行也理者論形式也觀一地先察其勢後論其理次審其氣而後方論其宜故地理者必立於正穴而觀其四周一起一伏一來一去一對一照左擁右護左抱右環後靠前案皆在眼中矣然後舉其盤而定方向不合者宜就合之散氣者宜就聚之無情者就而爲有情無勢者合而爲有勢自東自西自南自北無思不服矣一起一伏一去一就無往不在矣若是者而後可曰大地大地者非眞大地也乃各法合也法合則曰大地不合則雖大地亦變而爲絕地死地矣盛衰關乎一家興旺係乎一

讀書千卷、不如口傳一訣、

室地理可不愼哉余生平最好堪輿之學於地理之書無所不讀無所不通然而不能看一地友人楊君不讀書不通理而卒能得地余甚疑焉造其門詢之曰汝其以妄術施於天下哉不然汝何能得地而我終不能得哉友人楊君笑而不答旣而曰若汝可謂書迂而不可謂地理也余曰吾書無不讀理無不通而曰非地理然則爲地理者皆不通耶僕請聞其詳焉楊君曰夫地理在於察其地勢耳而汝則拘拘斗室目不窺園坐井以觀天而曰天小非天小也乃識不至耳管中以窺豹而曰豹不全非豹不全也乃見未到耳是故地理在於實驗不可拘拘於書墨之間余得其說乃棄書而游歷四方往古今墓地觀其方

五大印務局代印

蔣法深奧、非初學所宜、不遇明師口傳眞訣、終身難以入門、

向之所定察其龍脈之所從審其水源之所來眺其旁沙之所護覩其風之所聚氣之所合達然洞然既經之於目又察之於心於是豁然開朗乃謂人曰向日吾所見者在書中今日吾所達者在天下由吾所述而觀之則地理在於實驗非務虛名也至於蔣氏所著則不以常人爲是而獨樹一幟其法非不善而知之者則可不知者反以爲迷也故論地理者莫若楊救貧劉青田其所言者淺而顯易而明古今常法也若余所讀者非其書乃採其法也最善者莫如晉郭璞其言又較楊氏劉氏爲明顯若夫翻卦八八六十四卦絲毫不可差誤然八卦只有一卦可通其法雖善但太流於危險耳學者不可學之至於初學法

門。吾已次之如下。

孚佑帝君地理法門序 丙寅年五月十六日降鸞

予玉清內相呂喦貫予稟請於予欲捉刀青烏之序一番經營苦心度世救人精髓予當勉而爲之

曠觀輕淸者爲天重濁者爲地陰陽不測爲之神卦有先後天之別二五偶成爲之數世之地理之書夥矣盛矣然而堂奧未登門徑別判對於初學入門無徑途可循不免有向隅之歎苟無實學每每魚魯不分人不知機危及累世如是游手好閒挾術詐欺世亦不少然而地理雖然小道事歸究竟人家生死出入禍福攸關欺人欺世此輩亦復不少若果慧眼獨具一指點定山溪田隴經緯攸分地氣厚薄到眼卽決墳塋新舊興敗存

五大印務局代印

亡。言來歷歷可攷。無差不忒。苟無善本。而人何由而成。予觀崑崙潛子。智慧卓絕。悲世悲人。運慧性。吐珠玉於木筆砂盤之間。書成數萬言。於無形之中。化幾多子午英雄。如是造道成眞。苟有良師道友。閱之一目瞭然。降筆於粱溪夏氏共樂之壇。寒暑數易。春秋幾更。溥仁主壇南屏弟子夏慧貫（仁壇法名）齋沐焚香。請序於予。予嵓也不文。略作數語。冠於篇首。以爲之序

地理法門序

嘗觀地理一書。汗牛充棟。其間論調不同。各抒其見。門徑別判。各展其能。總言之、不免各有所偏耳。或偏重巒頭。不談理氣。或偏重理氣。不論巒頭。不知巒頭是體。理氣是用。體用並行而不相悖。曾見有巒頭、無理氣。葬而不發。有理氣。無巒頭。發而不久者。或偏重陰地。闢除陽宅。或偏重陽宅。放棄陰地。不知陰地爲先靈瘞玉之所。傳氣稍緩。陽宅爲生人居住之地。得氣較先。曾見有陰地吉。陽宅凶。福未至而禍已來者。亦有陽宅吉。陰地凶。禍不發而福先降者。是則偏之爲害。其書之所以不能統一也。由是觀之。體用

陰陽四者並重固不可偏廢其一也明矣今
仗溪芝罘二仙師生前智超慧絕洞燭斯道之偏博覽旁搜窮
究堪輿之學胸羅靑囊千卷足踏大地萬山具經天緯地
之才懷濟世救人之願痛僞書之充斥眩世爲奇悲眞道
之失傳無津可問恆以爲畢生之遺憾焉故雖不能闢邪
說於生前亦惟冀留薪傳於後世訪道友於龍山之麓揭
奧義於共樂之壇幾易寒暑不辭勞苦書成十有一篇處
處綱提要挈法詳六十四則字字玉潤珠圓析爲兩卷理
氣巒頭包括訂成一册陰陽砂水兼收文理淺顯讀之一
氣呵成條目分明閱之一絲不亂顏曰地理法門蓋爲初

學之正軌。參校俾成完璧。尤爲卜吉之南針。古人不云乎。鴛鴦繡出憑君看。不把金針度與人。蓋眞道之不傳於世也久矣今。

二仙師具菩薩心腸。吐蓮花妙舌。將五百年之懷抱。發揮於砂盤木筆之間。彙數萬言之眞詮。隱寓夫振聵發聾之意。囑壇下同緣鐫刊以公諸世。俾仁人孝子揣摩可得方針。其用心亦良苦矣。予平生嗜堪輿之學。愛梁溪湖山靈秀。客寓於溥仁壇之南屏閣。時壇長夏君慧貫、囑余參閱斯編。予不揣淺陋。悉心探討。加以眉語。蒙

二仙師謬賞。以爲却合作書之本意。並囑撰序。悟也不文。略述

數語。附於篇末。以爲之序。

民國拾伍年丙寅五月　　日溧陽蔣嵩鶴了悟氏敬譔

地理法門目錄

卷上

卷下

地理法門卷上

仗溪子
芝罘山人 合著

慧悟子校正
李壽春論定

弟子望忠張慧性覲宸敬編

瀨江逸士蔣了悟鍾琪
弟子直仁李悟澄瑞芝 敬閱

弟子宜厚夏慧貫茂庠恭校

堪輿論

余生平最好堪輿思之至深致廢寢食常遊名山大川古今墓地度其形勢揣其水源審其來脈定其方向觀其氣聚視其旁砂至於來龍結穴無不一一記之於心靑囊經無不讀之甚熟地輿志無不閱之精詳臨地時常直而不隱對答如流因見今世之人往往稍知靑囊即出尋地臨穴時悞定方向以致死者

五大印務局代印

不安於穴。生者不安於宅。財盡人亡。可勝歎哉。地理法門。不外下所述諸大端。

一曰聚氣

蓋地無論平地與山地。氣宜聚。譬如房屋。若無圍牆。則內不謹。若有圍牆。則內可謹。若氣不聚則散。散則不能合。不能合則去。去則不活。不活則地死矣。

二曰水合

水法為地理最大關頭。水法不合。則地不秀。地秀在於水法。水宜曲而不宜直。當如蛇行。首尾相應。則在穴之前者。宜顧其後。在穴之後者。宜應其前。前顧後則相稱。後應前則相合。源源而

此條爲初學入門正軌專論九星正體須要兩砂兩

來亦源源而去所謂千里來龍到此結穴也而山地無水則當如何其必曰聚氣水法最忌直若直則水死雖大地亦死矣水曲又當來朝若不爲我所用則空有此水而水又當到宮譬如穴在後水必在穴之前水卽穴之前門閘也有閘則有威勢勢旺則氣必旺勢衰則氣必衰又最忌迎面水……○）譬如箭射則非特不好且有礙於正穴又忌迎後水……（○則必不利於正穴當深戒之

三曰旁砂

沙宜左右相稱譬如椅背爲正穴所用若缺其左則於右不稱若少其右則於左不合譬如人之身體兩手兩足若缺其一則

水龍虎正、齊、方能合法、若左單提左仙弓、有左無右、右單提右仙弓、有右無左、爲九星之變體、若執此法而觀、亦未免太拘泥矣、

身卽不全。又如房屋。兩旁必有圍牆。若少其一。則房屋卽不備。地亦大都如此。若無旁沙。惟觀其水法。若無水法。則觀其旁沙。沙在前者爲案。有案則可伏。沙在後者爲椅。有椅則可靠。沙在兩旁者、爲龍虎沙。前有伏。後有靠。左有護。右有抱。如皇帝之位。前護後擁。左抱右環。此地少有人。但求其有龍虎沙而已。然龍虎沙不可張開。必抱住方合。若張開、卽不聚氣。氣散則必不興旺。所謂張牙露爪也。切宜戒之。

四曰龍脈

龍爲體。水爲居。有水必有龍。無水龍何以居。故必求其龍脈之何處來。及何處去。亦不宜直。當蜿蜒有情。不可蠻張亂舞。無秀

氣若無秀氣則必不發達故當求其曲而似直直而似曲者如龍之伏地如龍之張勢起伏有勢曲而有情則其地必雄壯其勢必清秀何處爲龍之身何處爲龍之脈何處爲龍之首尾是在堪輿家研究之

五曰對峯

對峯宜遠而不宜近近則露頭露面反不爲秀故必求遠似見而不見似近而不近不露頭面有情有勢則其地乃秀否則不吉

六曰後峯

後峯亦不能露蓋露則如人之在後而探其前人之勢如鳥之

卽朱子所云風藏氣聚四字乃相地要訣

彎躬而食穀必大不利於正穴亦必以求遠爲妙

七曰風藏

經曰風噓氣散故欲氣之聚在於風之藏風藏則氣凝氣凝則磅礴積鬱而佳氣卽於是發生矣風不能藏則氣不能聚氣不能聚則磅礴之氣消歸烏有無聚氣則地亦無秀氣地無秀氣則人亦無秀氣天時人事本相合也天有天之自然之氣人得之則生地有地之自然之氣鬼得之則靈故葬者藏也藏之勿使暴露勿使受風使之得地氣而生也故曰風必藏

八曰陰陽

物必求其陰陽合而後生人必得陰陽而後長天地必得陰陽

此陰陽二字、直將巒頭理氣、一切包括在內、

八字、卽生尅制化、旺衰休囚也、

而後雨、易曰、陰陽合而後雨澤降、故窀穸、亦必求其陰陽相合陰有太陰之氣、卽地氣也、陽有太陽之氣、卽天氣也、陰與陰氣則爲太陰之氣、陽與陽氣、則爲太陽之氣、故陽氣必與陰氣合陰氣必與陽氣凝、陰陽氣既凝合而爲一、則佳氣由之而生、雄勢因之而起、龍脉爲之而作、有形有勢、則氣必遠而旺矣

九曰五行

五行由陰陽而生、天干地支八字當明、若差認陰陽、顚倒五行、則生者死、旺者絕、生生死死、雖生必絕、死亦不安、旺旺絕絕、旺者必衰、絕者必死、生死衰旺與絕、皆在於五行、五行不亂、陰陽不倒、則水火相濟、土木相生、天干與地支相合、地支與天干相

稱譬如醫者用藥火盛必以水濟之水旺必以土尅之而後病者愈地理亦大同而小異故地師必如醫師審五行辨陰陽而後立地之方向每每方向不正者皆誤認五行也五行不和在人則生病在地則絕氣故地師之定方向必當如醫師之用藥也而地有五行與人之五行不同有二曰玄空曰向上玄空五行者卽消沙也向上五行者卽納水也消沙納水地理之大要也知消沙納水則五行不紊矣

十曰開土

開必求其深深何爲曰卽得地氣也地氣不能與天氣合故必開土深則地氣冲上而天氣降下上下氣相觸則天氣可接地

所云有石穴不的、無水龍不眞、穴之深淺、當觀地之高底而取、切不可拘泥、

氣地氣亦可合天氣天氣與地氣合則鬼生而人安鬼卽天地之造化陰陽之凝合而生在地爲陰在天爲陽鬼在地故爲陰土亦爲陰故鬼陰重而陽少若陰氣合五行生尅則必外藏風而內以聚氣方合有法可試將身臥土上四肢不動三小時後身體必溫而安溫則氣和安則氣凝生者能安則死者可知矣切忌土中有大石若小石有肉者尙可大石則阻地氣地氣流行不通則龍脈死矣龍脈死則五行不旺烏乎能安故開土至六七尺及七八尺（按山地七八尺亦有丈餘者平地尺餘至六七尺）沙土者不宜過深過深則有礙血道若阻血道則如人之身體血脈不流通則精神何能活潑地亦然故必求當深不深之際爲佳

石山土穴、不在此例、

所謂有巒頭無理氣、葬而不發者、即此故耳、

十一曰露石

夫人之面有麻者則其形必不佳故露石者亦地之麻也人有麻則形不正地有麻則地不佳所謂露齒也故必求其無露石石之小者隱而不露者或伏地者或遠地者則尚可若野蠻之石無情之石露天之石者則當去之不能去則當背之然背亦不能則當逃之若石在對面則更不當用若石在兩旁則亦不能若遠而迎面者則可何哉不爲露也地理家當察之

十二曰選時

安葬之時必求其與向之合若偶不合則觸煞觸煞則死者不安生者人亡子孫亦不昌人丁亦不盛故不可不戒也

十三曰擇日

葬之日必求其在何日可安地在何日可能葬始無錯悮則人丁可由之而盛財源亦由之而旺偶一不慎則又觸煞觸之人亡財去鬼亦不安每每大地多錯誤時日而至不安者卽此也凡當於未葬之先審之察之度之揣之必求其陰陽能平五行相濟三煞不生鬼能安土人能安宅故臨穴宜慎之

十四曰立向

向爲穴之最要者向不對無論大地小地眞龍眞虎變爲絕地者多多矣故立向當審天干地支合陰陽論五行度局面望對峯顧後勢宜朝東者則東向宜朝西者則西向宜朝南者則南

向宜朝北者則北向宜兼東兼西者則兼之宜合陰合陽者則合之宜就五行者則就之宜就沙就水者則就之宜避石避水者則避之精思遠慮採擇細詳方定指南然後方用事臨穴始無陰陽不合之謬五行不濟之非若背陰向陽就金去火就沙失水顧水失沙指東畫西無一定之方針無一定之决斷疑之惑之不知定東向否抑定西向否抑定東南向否就陽則不能就陰顧火則失金就沙則失水就水則去沙二水不能到宮護沙不能環抱局面不稱形勢不佳則無論爲平洋爲山地無論爲龍地爲鳳地失其方向之定失其局面之勢失其陰陽之和失其五行之調則爲死地爲絕地而不爲龍地鳳地龍非龍形

所謂龍水者即金魚水也鳳翼者即蟬翼砂也

鳳非鳳形曰四不像而已龍則失其水不能噓氣以成雲鳳則失其翼不能翺翔以冲天所謂蛟龍失水無以存也佳鳳失時無以出也翼爲鳳之用水爲龍之所沙爲穴之關龍失水則不可鳳失翼則不可然則穴無沙可乎不可乎有沙而無水可乎有水而無情可乎有情而向不對可乎向不正則沙不整水不抱則半爲陰半爲陽陰之氣不與陽之氣合則扞格而難通則阻礙而不順陰重而陽輕陽重而陰輕兩不合宜在人之身或生陰虧之症或起陽旺之病陰虧可用補陰之藥陽旺可用尅火之劑而地一定不能復動土復轉方而再立向則如病已入膏肓投之不及達之不克雖轉方移向而死亡疾病已作矣作

而移之則晚矣遲矣悔無可追痛何可忍不知徙薪而免災禍之臨亡羊而作補牢之計及火已作矣羊已亡矣雖熄之無可熄追之無可追方知前向之方向不定則不能袖手而觀亡羊而觀火作於是移之移之則氣已絕矣沙已反矣水已亂矣向已改矣如前之宗法則不可如後之心意則不果故禍福吉凶盛衰皆係之於向向不定則福而禍矣吉而凶矣盛而衰矣弄巧而成拙畫虎而類狗所謂無絕地有絕向也苟能定向論方則爲福而禍不作矣爲吉而凶不生矣爲盛而衰不至矣造化無窮玄機不滅三煞不生得陰而生得陽而長處於幽則幽處於明則明處於昌則昌處於秀則秀處於興則興處於旺則旺

子孫有螽斯之慶金錢有陶朱之富綿綿葛藟赫赫巨富或數十代或數百代而興而衰皆於定向之日卜之

十五曰陰溼

凡地陰重而陽少陰無化煞之力陽有燥溼之功陰陽相合而後方合若陰溼不去積鬱不消遇風水溼卽生蟲蟻蟲蟻既生土卽爲之爬[illegible]棺木爲之鑽壞骸骨爲之所傷反不能生旺氣則凶惡之事因之而來隨之而起然則當以何法斷之其必曰透陽而已人每每有散灰於穴之中其實不然蓋灰雖有燥氣而久則性變是以愈久而生蟲愈多蓋灰性易而爲寒也惟木灰最好木灰卽炭也非全不用灰卽將炭與石灰（按石灰當少而炭當多）搗拌

則一陰一陽相得其機相得其氣。一生一尅。一生一死。一長一衰。

按石灰只能數十年爲陽。而木炭則有久陽性。蓋屬於火也。

若止放石灰則陰重。若止放木炭則陽旺。故必參用也。

十六曰陽旺

陰能生溼。而陽能生燥。燥則土焦。而無潤澤之氣。滋養之料。不能得其生氣。存其流澤。譬如水之在塘。而不流通。則愈耗愈盡。而至於乾。乾則上蒸。上蒸則氣燥。降於人身而爲陽旺之疾。若陰地而至於燥。則不爲陰地矣。故必陰陽交合。陽旺則陰濟之。陰缺則陽補之。卽如醫者之用藥也。語曰。三陽交泰。萬彙回春。

春爲一歲之首陽氣最足故葬地者當擇春日取其精華薈萃蓋三元之合而後能生萬物也陰處陰地陽處陽地鬼處幽幽則在陰人在明明則爲陽是故鬼陰氣爲主陽氣爲用人陽氣爲主而陰氣爲用鬼止有陽而無陰則不爲幽矣人止有陽而無陰則不得眞爲明矣蓋陰陽分則幽明分陰陽合而後幽明合也然則陰溼固不能而陽旺亦不宜

十七曰陽宅

陽宅與陰宅雖不同而其理則一陰宅當以沙水向爲三要而陽宅則以門主竈爲三要門爲通人之由主爲居之所竈爲烹之處陰宅先以沙水向爲主而陽宅則當以門主竈竈以向爲

主此其所以與陰宅異也

十八日立門

立門者當觀其向當察其勢當審其面朝陽向立門爲最佳背陽向立門爲最忌前有水後有水中如凹凸者或高出者如挑担式最忌若前凹後高者若後凹前高者一如簸出式一如爬入式簸出者去財爬入者迎財簸出者前當有關阻若無關阻如水之傾下流而不息則其門地必敗爬入者如手之握物緊而不散則財氣必聚造屋者當前小後大前窄後闊若前大前闊則聚前失後故必貧前小者如人之食物至喉後方藏之於腹養而不散門猶口也立門向者亦必兼而後可間有獨者不

世人因其、雖而不肯潛心研究、以致陽宅一、書失其眞傳殊不知陽宅乃生人居住之所、關係吉凶禍福、較陰宅尤爲神速、

拘。看地而行。門當斜向者。必兼。若不兼。必損人。門當獨向者。切不宜兼。後門及廳門。當如前門式。而定方向。前門不正。向後門當亦不正也。開旁門。當順地勢。察三煞。切切不能在坐山三煞上立向。故地理家。喜看陰宅。而不敢看陽宅。蓋陽宅難而陰宅易看也。

十九曰竈

竈乃烹飪之所。方位切不能亂。必順門勢而立。向竈門必向南方。南居離。離屬於火。火德星君居於此。俗人言南方丙丁火。北方壬癸水。水缺必在北。竈必居南。水火相濟。始無火患。若竈不居南。向水缸亦不當在北。必對竈向何也。乃水火相濟之理也。

五大印務局代印

按此本命乃宅主流年

門向東西者。則竈必就東西而兼南向。水缸必兼西北方。與竈對方合。否則火生而水不能相濟。故地師家必深察之。至於爐則又當立如竈向。不必更動。

二十日房間

房間爲屋之包絡。其立向當從本命而定。至於從宅方而定者。皆取生旺氣。（從門向起游年）或從宅方或從本命看地勢而定方向。不必拘於宅方。若拘於宅方則拘拘於勢。便不生旺氣。宜出於自然而從本命上。或不拘於宅方上。若分開住。則當再定宅方

二十一日書房稻倉

稻倉與書房不同。書房亦當如房間而定方向。而稻倉則不然。

或不在本宅方內而別開一間此當從本命上而斷之

二十二曰坑廁

坑廁當離本宅不當與本宅聯或居於旁或居於後切不能在大廳之前亦不能與大門並或離大門數步而低入者不當凸出大之門前譬如人之口旁有一凹凸可合於人形乎故必在後爲妙

二十三曰九星紫白

看陰宅者必看其龍脈而看陽宅則無用若必求其九星紫白在何處起在何處聚在何處散以吾觀之由坐山推入中宮由中宮飛入八方而起（李又問可關吉凶否）切不能用蓋流年與飛宮大不利

看陽宅單主重游年雖曰合法

但恐未能應驗、須照元運而斷、方能有準、

以其難合也。當以游年作爲準繩。（李問、可是以門向推游年、）此法甚合。但不能差。故地理家、當從流年上而推及中宮

按陽宅若用九星、則東西四宅與游年難得相合、後之學者、當以坐山三煞及游年作準。卽可無失。

二十四曰猪牛下房

丑牛、丑屬於土。當就本宅之後。或另造。或偏旁就餘土而立向。使牛安於土。亥猪、亥屬於木。亦當就本宅之後。或與牛共之。使土木相生相尅。經曰、土能尅水、木能尅土。卽此謂也。下房汚穢之地。切不可當門中廳上。猪能掘土。則土不安。羊能踐地。則地不完。麻斑破點。東缺西少。則土地不佳。五行又不能生尅矣。經

曰土旺木不能尅水勝火不能濟在人身則生病在土地則缺形人家每每以下房立在屋內及屋偏切不宜立乃因日出於東朝陽向者日光必及其門若屋偏或猪房或牛地或羊圈則日光爲之遮焉陽不得朝則陰陽又不攝矣即如陰宅水不得到宮也明堂居中兩水必抱陽宅地址日光必透所謂見陽必興見陰必敗也又不可立在對門前又所謂猪來朝必貧也又不可散猪圈則或至廳上門前撬倒搗掘壞門爬地可惡之至土地爲之不安故地師家當指其一定之方向一定之地址使愚蒙可不散猪圈而敗壞土地也

二十五曰礪磨

五大印務局代印

碾磨當居門旁、或在後房。切不宜居當中、又不當居竈旁。當就其便地合法者立之。油榨亦當如是。

二十六曰陰地與陽地之關係

陰地爲鬼所居。陽地爲人所居。陰陽雖不同。而其理其機則同。陰地、曰困龍臥龍死龍飛龍活龍。曰沙水。曰明堂。陽地、曰血道血脈虎口死地活地九宮三道。迎面後面當分。其各道察其紫星而後立向。在陰地、困龍死龍當變而爲活龍。是在沙水。在陽地、死道當變爲活地。是在向地。其興其旺其衰其敗。陰宅先葬者而興。陽宅後造者而衰。則陰能勝陽。陽宅先造而興。陰宅後葬而敗。則陽不能尅陰。必致家破人亡財盡火起。故陰陽宅必

經云陰地一線陽基一片陰陽之別在此

察其關係不能傷陰宅亦不能變陽宅就其陰失其陽則鮮不爲患易曰二五之精而後化生則當救其兩平絕不能以陰宅而造陽宅也

二十七曰陰宅與陽宅之別

書曰雨暘時若易曰天地交泰卽陰宅不可無水以濟陽宅不可無火以生之謂也水屬於陰火居於陽水火有旣濟之功而亦有生尅之力陰陽有造化之功而亦有應求之力陰宅與陽宅有別卽水火之別也故二水必如二龍變化無窮玄機莫測左抱而右環東缺而西顧而不致有脫脫落落之虞亦不致有離張不附之勢而陽宅所謂火者卽日當朝也陰宅與陽宅能

一如法以償則其子孫之發達蓋未有艾也

二十八曰山地與平洋之別

山地高平地低山地沙水可看而平地則難看雖則高一層爲沙低一層爲水而最難辨故劉靑田楊救貧等皆曰平洋難而山地易其實不然山地不可謂易平洋亦不可謂難平洋當審向定何處而後立向處顧首四望見其來水自何處來何處結然後將身僂下遙望四面何處高何處下高則爲沙之所在倘沙水到宮迴抱有意卽爲大地

總上數十大段曰山地曰平洋曰陽地三者地師若能悉心研究則地理法思過半矣吾今略說之他日我來示爾諸生

天時人事、為地理之本、論上所說者、可名為地理法門。

謹按上自十七條以下、俱係答李瑞芝之問、言陽宅有關一門之禍福、所係匪淺、然其大略、不外東西四宅、與人之本命、亦有東西四命、及門向、至所用九星、與大游年、不知從何方而起、且紫白之法、須由本方推入坐山、由坐山推入中宮、由中宮配定四合、四合者、指定東西南北方向、要之方向準確、統以本方地勢為轉移、而四址星位、自然能配合、未知是否、所問各條如下、

一陽宅　一門向方位　一大游年　一九星　一爐竈　一坑廁　一碾磨　油榨　一猪牛下房　一書房　稻倉　一合家人之房間。不知從本命

而定抑從宅方而定

二十九日螟蛉及嗣子與嗣父母之葬有無關係

人生以精血爲主子受父精母血以生以長痛癢相關是故子與父母之墳有關父母之墳與子有關胡言乎血脈一流父母猶根也子猶枝葉也根本一去枝葉雖存枝葉有損則根亦稍受影響若螟蛉既非其血脈又非其姓氏則其所關於何處所係又於何處特人情耳以螟蛉子猶枝葉上之枝葉雖去一葉或兩葉於根本何關又何係以根本言則螟蛉爲萬分之一雖傷其一葉於枝葉上何關又何係所關係者特人性耳人性中有之螟蛉則爲本脈所有人性中無之螟蛉則爲本脈所無螟

蛉之有關於父母之根本父母根本之有關於螟蛉特人心之惘耳故曰螟蛉與父母無關父母與螟蛉無關無却有關焉夫螟蛉之墳與其父母之墳若左昭右穆則有關焉所關者地之脈也故當熟察之若夫嗣子則有關雖遠近不同而其木本水源則本是同根而生又同姓氏則其有關不待說而可知矣凡所謂一支者均有血統關係無論若干年相隔爲一脈源流有血統關係且不能結婚姻螟蛉子既非生育則無血統可言不過承乏之子嗣耳烏可與血統子一概而言

三十曰近墓地植竹有無違礙

墓前植松柏所以取其枝葉茂繁可爲聚氣且顯葱蘢氣象若

墳地植竹
子孫常哭、
切切禁忌、

植竹則枝榦不若松柏形色上不雅觀竹靜生風設在遠處望之疎落不及松柏縝密然世俗有玉竹生孫之語此不過理想迷信蓋玉竹既能生孫則松柏何嘗無子可見討口頭吉語不足爲憑證也

陽宅論

或問余曰陰宅與陽宅其法向歟余應之曰其法雖不同而其理則一特以陰陽而別之耳或曰陰宅關乎一門禍福固不淺而陽宅尤甚焉請表而出之嗟夫天機莫測惟論陰陽盛衰不知惟憑氣數陰陽生五行氣數定八方處處有龍而莫妙其變化方方有氣而莫測其吉凶其故何哉亦未得其道耳道何以

爲道即理而已矣理何以爲理即其勢而已矣勢何以爲勢即其氣而已矣氣何以爲氣即龍而已矣故曰龍噓氣知乎此則無論爲陰宅爲陽宅爲陰穴爲陽基皆不出規矩之外然則陰宅與陽宅其不同如何其理亦如何曰歸之於龍而已矣是故地死物而龍則活陰宅曰龍脈陽宅曰血道吾以爲陽宅猶身也門爲口廳爲身兩廂爲手足至於竈爲烹飪之所房爲寄寓之居廁爲藏汚之地當一一如身不可缺其一也人缺手足則不便然則房屋缺廂室可乎蓋缺其一則失勢失氣失理失龍無一可者也至於三煞諸凶星惡煞咸會於此土地不安人口不泰或造而絕者有之或造而興者有之其故何哉豈以房屋

前闊後狹、居之貧之、前狹後闊、富貴大吉、

之不稱歟。抑以陰陽不正。五行不生歟。其龍脈死歟。抑數當絕歟。瘖瘵求之。而求之終不得其道。嗚呼。亦已愚矣。房屋之造。譬如人之作衣也。內大外小。其爲美觀歟。意者其不稱也。然則房屋先大後小。其稱歟。抑不稱歟。所謂虎頭而蛇尾者非耶。故地理家、當先就地勢。其次論其理。其次考其來脈。其勢其來脈。吾已論之矣。獨其理未表耳。然理之爲理也。亦當合勢氣而言。先從門向。推入中宮。再從中宮。推入八方。與大游年合之。其孰吉孰凶。何棄何從。坐山不在三煞。方位不就四凶。則禍災不降。五福臨門。殺氣不生。瑞靄常存。吾故曰、識得眞龍爲眞穴。毋定方位三煞上。若從吾言而定向。年年定保不災殃。又曰、地氣流行

不使阻阻則如戶樞不動戶樞不動卽不旋轉故曰氣宜流行八方勢宜苞乎山川理宜崢嶸乎四周龍脉宜起伏乎左右所謂四面來朝定是吉地而向不正又不能當焉不當不稱焉得謂之吉地然則何爲當何爲稱前伏後起當也先小後大稱也然此可爲富家言之而不可爲貧家言也貧家竹籬茅舍惟求其安也故地理家當應其求安而爲之安也至於富者則不然惟求其財丁雙旺而爲地理者亦當應其所求而觀其所以也觀其所以察其所安人焉廋哉人焉廋哉雖廋而天理昭著惟善者居之而不善者何與焉故曰大地多從大德殆以此焉然則陽宅乎陰宅乎得其門何難焉惟今人以詐欺爲術則其爲

五大印務局代印

難也固宜甚矣哉陽宅之不可不尋其勢也得其勢然後論其理既論其理又論其形當於勢合於理稱於形正於向斯爲美也不然陽宅其有殆歟或曰唯唯

天時人事地理之本論

嗚呼盛衰之理雖曰天命豈非人事哉卽以兵法而論之亞聖有言曰天時人和地利天時不如地利地利不如人和然則人和者曷言乎曰得民心之和也吾所謂人事者曷言乎曰得人心之善也人和則不曰天時不曰地利人善則亦不曰天時不曰地理統歸之於人而已天不言而四時行百物生陰陽合五行濟人不善則佳城隱牛眠藏益反損利變害由是觀之則在

人不在天可彰彰明矣昔者孫鍾孤孝而致三仙呵護龍圖廣酷而夢二使驅策有能使湖燈自現有能使竹節重生夫豈眞使之然哉乃善動乎天而感應也曷言乎天時曰氣而已矣曷言乎人事曰勢而已矣勢有必至理有固然此千古不易之語也古人用以觀人吾卽用以觀地也何言之夫氣有升有降有冲有觸有淸有濁有高有卑高者不可抑而下也卑者不可升而上也合之以時則爲時氣合之以天則爲天氣合之以地則爲地氣由時氣天氣地氣而生春夏秋冬春和氣則融夏熱氣則烈秋溼氣則溫冬寒氣則冷使春而熱使夏而涼使秋而寒使冬而溫則人鮮有不生病也何則觸氣則寒度不調熱度不

均陰反爲陽陽反爲陰所謂反常也凡事至於反常則鮮不爲害然則地理顧可反常乎或詢余曰論地理者論其理也曷言乎天時曷言乎人事余曰唯唯所謂膠柱鼓瑟者非子也耶夫地理固論地理矣然而人有理天亦有理豈獨地理哉地理不合天理而論則不爲理天理不合人理而論則亦不爲理然則天理如何人理如何地理如何請表而出之天理始於時時有凶吉凶乃凶神當道吉乃吉神在位凶神爲三煞三煞當道則人之爲善者可以化之凶乃反吉危乃轉安若夫無善以尅之偶一不愼觸之則立斃陰地陽地一也時生而後分日由日而後分五行由五行而後分天干地支由天干地支而後分陰陽

易曰太極生兩儀兩儀生四象四象生八卦八卦定五行由八卦而定君臣由五行而生父子二五之精構而生人萬物育焉人何能逆之逆之則反常失乎常則不得天時不得天時則三煞生四凶作或葬而絕或葬而死故當於未葬之先審天時與方向有否冲尅有否不利再與游年合之是否有反背有否不定然後將其理推之算之爲何日能用何時能定不冲三煞不遭四凶順天理而定指南隨時氣而定方針自何年甲子轉至何年甲子翻至何年衰至何年興察之於心者眞則言之於口者實既眞且實然後思過半矣此卽天理當夫未葬之先當先察擇地者之心善否惡否仁乎不仁乎寬否不寬否殘乎不殘

乎。一一觀之。善者則用其地。惡者則不告其地。仁者則言是地。不仁者則言其非地。殘者不論其地。不殘者始論其地。何則。蓋世有其地。必有其人。非其人、則地必隱而不露。藏而不現。是其人則地彰然在前。明然在目。佳氣發生。上透重霄。然非其人而求其地。必不可得。卽倖而得之。無其德以蓋之。則必化吉爲凶。變興爲衰。卽諺所謂地行也。非地行也。乃目蔽也。非目蔽也。乃德不至耳。是故求地者。不可妄求。論地理者。又不可妄行。妄求謂之夢想。妄行謂之貪財。此卽人理。至於地理。則吾述已詳。不復贅述。雖然。天理人理。本相合也。不論天理而曰人理不可。不論人理而曰天理亦不可。不可而强之。可則必爲大災。既可而反以不可目之則必爲大蔽大災主於求地者大蔽加於擇地者嗚呼求地而至於大災擇地而至於大蔽今世之人其心尚可問乎吾故曰求地當守分擇地當直仁

葬論

李鵬翔著

胡言乎葬葬者藏也胡言乎藏藏者勿使之暴露遺骸也蓋太古之時嘗有不葬其親者親死委而棄之於野他日過之狐狸食之昆蟲集之蚊蠅嘬之風雨打之霜露降之使遺骸不能久存仁人孝子之心於是大慟始有葬之制及後世棺之外復有槨再至後世於槨之外復有風鑑察其地之廣闊曲折溫度寒度潮溼卑汚至晉郭璞演靑囊經後世皆宗之其法云水法龍

脈版圖以及五行生尅余生也晚不能得其法然竊思葬之道必在乎地理地者死物也理者妙用也地雖死妙用之則爲活吾故曰死龍生龍旺龍絕龍平龍山龍龍者非眞龍也乃妙用之也妙用之則雖爲死龍起伏不靈雖爲絕龍五行不通然可臨機而靈用之則死龍爲生龍絕龍爲旺龍此其故何哉亦曰堪輿二字爲葬經之本何謂堪天道也何謂輿地道也上得乎天道下得乎地道即謂美地何謂天道曰陽生陰長五行生尅何謂地道曰水法到渠兩沙抱護言天道者當以地道合之云地道者當以天道合之陰向陽用陽向陰用均爲調劑陰陽生尅子午及卯酉丙壬兼亥巳金木兼水火水火兼土木一生一

尅一尅一生一長一消一消一長相濟相合相合而相用使之生則生使之死則死在於向而已矣向者又地道天道之要也既葬擇其方向而後合天干地支用之向合則子孫昌向不合則子孫亡向合則財來向不合則財去一興一衰一昌一亡皆在於向可不愼哉人既以地師爲準一家屬焉爲地師者又可不愼哉吾謂今世之地理家皆瞎眼之輩佳地以荒坵目之荒坵反以佳地目之一葬之而衰再葬之而亡三葬之而絕一家生命財產被其一人妄言而害之可不懼哉及既露其事又擇地師而移之嗟夫何不通乃爾亦未思其本耳夫葬既曰藏則藏爲安遺骨於地下久則得地中自然之氣今移之豈非以熟

者而易之生乎。豈非以安者而反之苦乎。吾不知地理家何謂地理也。地理云者。非使之移墓也。而仁人孝子又不審地理家之妄。掉寸舌。又從而信之。豈非以求我一己之安。而卽不顧父母之不安乎。語曰、福人登福地。然雖如此。亦不可不察也。故當其未葬之先。三思而後行。不當用者。則詳告其主。主人不聽。然後去之。雖人以古怪名加我。而於我之心。昭然揭然。天自知之。無庸他人置喙。卽能用。亦告其何向以何地爲目的。以何地爲護沙。以何處爲水法。以何處爲來脈。以何處爲結穴。以何地爲合。及以何地爲不合。一一告之。以盡我心。則棺木安於土。子孫昌於世。遺骸安於下。財產旺於上。於是主人乃曰、某某地理之

古今以來、地理一書、汗牛充棟、然皆各執已見惟蔣公地理辨正一書最爲正宗然能入其門者寡矣乃李公鵬翔、以革命目

妙法也。及不善。則曰某某風鑑謬用也。一褒一貶。皆在於後而地理家又豈能褒於前而貶於後耶。然則爲地理者。上考天道。下審地道。中察人事。三者俱備。地理思過半矣。前日仗溪論中。天道地道。已皆言之。獨人事未盡言之也。今吾上所述一爲地理家之計劃。後再爲主人家之計劃。自來大地多從大德而來德者、獲大地之朕兆也。有德者必有其地。故不待求之也。無其地、卽無其德。亦不必求之也。苟有德矣。則佳城自現。昔者孫鍾孝而致三仙。龍圖酷而夢二使。乃一許葬。而一不許葬者何也。皆在於有德與否耳。人有其德。吉神自爲之呵護。人無其德。凶神自爲之驅叱。分如天壤。明若列星。人可不修其德乎。不然。以

之何也、蓋一則以道德爲重、拘守舊法而不知變通、一則以正神爲主、隨元運而轉移、其道術不同故耳、然而術無道不與、道無術不行、李公之道不能行於

天下之地之多而爲地理者竟不能自求一地哉則爲地理者亦當察其人家之善惡待人之厚薄於是定焉不然佳地不告其實雖主人之責我而我正所以報主人也何哉無其德則雖有佳地不能受而反爲所害也亦正所以應天道也天施於有德我豈可以拘拘於一見而逆天哉故吾敢曰天道、地道、人事爲地理之要訣無論何人皆宗之獨有明蔣氏者强項不服別開生面然吾謂蔣氏僅見其天道而於地道人事均未明悉烏足論地理哉可曰革命者矣後世學者得余說而求諸心會於意見諸目審其勢度其情始無扞格之患不通之弊切不可學蔣氏之論而違先賢之語余今不過略說之而已又烏可誇口

當時也、亦宜然矣、

哉。

風水論

慧悟子著

風何以云即堪道也。水何以云即輿道也。風水者堪輿之本也。故人不曰地理而曰風水。鑑蓋以其所論者風水也。夫地者氣也。氣聚則爲大地。氣何以聚。曰、風藏耳。故曰藏風聚氣。夫氣物各有之。天地無氣則死。人獸無氣則亡。草木無氣則卒。山川無氣則絕。故曰、大氣莫可逆之也。天地逆之則不和。人獸逆之則生病。草木逆之則枯槁。山川逆之則崩頹。故曰氣流通則萬物化生。而氣亦不可不聚也。人之有病也。曰、逆氣而已矣。逆氣則不聚。不聚則散。散則身體疲焉。手足困焉。驚風則喘。喘則不平

五大印務局代印

不平則或肝氣旺或風氣盛故醫經曰有病不可驚風夫天下之技名雖不同其理則一然則地理固可不藏風乎易曰雲從龍風從虎故經曰藏風聚氣爲眞龍故地理家當於未定之先審其氣能聚否氣不聚風即不藏風不藏穴即不佳夫水人皆知當蜿蜒而不知蜿蜒何作用也水之繞穴也猶人之立於圍牆之中也護之堅則侵不能入保之周則攻不能及水法亦如是也明堂居中二水如帶之繞身也帶散則身衣皆散水法亂則明堂亦亂向亦不正故曰二水到宮如龍虎一左一右環抱兼若不齊齊整整合非是斜射即是冲又曰二水相應如牽然首尾各顧勢甚堅右缺左不稱左缺右不全即以此訣而論之

水法不能斜射。不能直冲。不能張口。不能不到宮。可知矣吾故曰地理二字風水。眞風風宜藏。來水宜稱。最忌氣散。水錯亂子孫不窮也。不仁。故曰風水。風水眞不可無。風水也明矣。故地理必先論風水。

五行論

李壽春著

五行之名多矣三合也。四經也。玄空也。雙山也。向上也。洪範也。宗廟也。斗首也。顛倒也。納音也。其名雖不同而其所論者一也。金木水火土即五行之實諦也。木居東。火居南。水居北。土居中。金居西。故木曰東方之龍。火曰南方之龍。土曰中央之龍。水曰北方之龍。金曰西方之龍。經曰五龍。又曰識得五行妙諦是故五龍必濟缺其一不可也甲乙丙丁戊己庚辛壬癸當配合出凶入吉化險爲夷子丑寅卯辰巳午未申酉戌亥當妙用不殺不凶相生相尅故曰五行眞妙諦以火龍爲尊則謂之火行以水龍爲貴則謂之水行以金龍爲用則謂之金行以土龍爲實則謂之土行以木龍爲妙則謂之木行而木行能生火土行能尅水金行能生水水去木則火不能生去土則水不能尅去金則水不能盛在人之身則或生陽疾或生陰疾或生水疾或生火疾所謂五行有缺不能化金爲水不能以水勝火故曰不可不濟也而地理爲尤焉而又曰顚倒五行爲眞理余故曰五行諸法當以是爲準繩餘則三元三合爲表焉吾故曰五行者陰陽

之表也何言之火爲陽水爲陰木爲陽以其能生火也金爲陰以其能生水也土爲半陰半陽以其處於陰陽之間也由是觀之論五行者卽論陰陽也陰陽何以分曰五行分之耳五行何以分曰陰陽分之耳有連帶之關係焉故曰天干地支分明白陰陽卽於此中分大地皆從水口尋五行不濟便相紊故曰顚顚倒倒定五行亦曰無五行何謂無五行曰氣不然耳五行之分在於氣耳不然五行何在丙丁火壬癸水甲乙木庚辛金戊己土在八方八方安土帝各立坐下而無或差相濟相容不如冰炭使缺其一卽不爲常反常用之卽爲害殃害殃及門子孫不祥或絕或亡或死或傷丁財不旺眼淚交汪既責地師又悔

一說天人兩元立向當兼惟地元當立獨向則不可兼較此論略異蓋此

自喪哀哉哀哉不知陰陽陰陽旣悞五行不分八方土帝各不安方猶豫莫决止責風鑑害我先人不安穴塲害我生人日不安牀嗟嗟風鑑可不慎乎常由是觀之地理之於五行可不慎之哉非徒慎之亦當戒其所行也

地理論

錢月崙著

地理之法不外乎沙水向而已沙宜環抱而不宜張水宜蜿蜒而不宜直向宜兼而不宜獨得此三者然後會之於心存之於腦察之於目其形勢若何其龍脈若何其旁沙若何其水法若何其五行若何其形勢之曲者當順其曲其龍脈之直者當直之其沙之散者當合之其水之直者當避之其五行之缺者當

論本之三合而彼說參乎三元故不同耳

補之。然後始無差定方向顛倒陰陽散亂水沙謬認龍脈之弊。堪輿家當深研究之。我今不過言其一概。若夫平洋、亦與山地同。不必論之。質諸李君。（指瑞芝）以爲何如。今我有一題問汝。若沙不抱水不環。當顧水乎。當顧沙乎。（李答）沙水不顧。則穴不正。不能立向。錢謂汝此言直可嘉。但爲地師者、第一要直。萬不能愚弄他人。第二立向當思之。復思之。方可若不能則當直言無隱。切不可因循苟且。則其道得矣。

地理法門卷下

地理法門全解

解何以解解其所疑而疑宜乎解也疑不解則理不明疑不能全解則理不達有疑而不知解則理不通不明也不達也不通也大惑將終不解矣地理所以解地之理也理至於不明不達不通則將何爲地理故必求其明求其達求其通而後已而絕不能明能達能通者何也失其理之所在耳故曰地理宜解玆將爾諸生所疑解之

明堂解

明堂有大明堂小明堂明堂居中龍虎相抱鬼撐樂山居其後

五大印務局代印

二句是觀地要訣

以局面之廣闊卽大小定明堂之所適猶羣臣奉士衆郭禁內入山觀水口登局看明堂此之謂也

鬼撐樂山解

居明堂之背後者謂之樂山居樂山之後者謂之鬼撐猶如在內爲城城外爲郭在口爲齒齒外爲脣卽保護之意也語云脣亡則齒寒郭破則城搖知乎此則鬼撐樂山之疑可不言而喻也

水口解

水者龍所居水活則龍活水死則龍死龍之有脈猶水之有口也故曰入山尋水口水之利用主於明堂而明堂之利用惟在

朝對遠爲貴、案山近最佳、

平水。水必有源。源即口也。水自何來。即至何往。俱關得失也

尋龍解

山之有脈也。猶水之有口也。龍之得水也。故曰、大地先尋龍。吉凶居其中。龍不眞來。水太衝。子孫必定大困窮。即尋龍之意也。尋龍必尋眞龍。共有五種。參閱地理全書。辭不多贅

朝山解

處於明堂之前。是對明堂者、謂之朝山。望之遠、是謂之遠朝山。望之近、是謂之近朝山。望之不淸。是謂之隱朝山。望之非對、是謂之僞朝山。望之矗然立。是謂之露頂朝山。朝山雖多。當以遠朝爲最佳。露頂爲最忌

案山解

處於明堂之面者。謂之案山。因其形勢如案。故假定稱之。人之案也。可以伏。地亦然。古謂案山。山如桌。桌可伏。身體可依。蓋以言案山如桌。桌之伏人也。可以受重。而亦可以依。其爲用也如此。

背山解

卽樂山之謂。已詳上。

龍虎沙解

龍居左。虎居右。左右蹲伏。如椅圈然。使人安坐其上。左護右抱。左躍右跳。左高右卑。一起一伏。沙之張亂者。謂之蠻沙。沙之隨

傳送功曹、
莫高壓

勢者、謂之純沙。沙之不分相接者、謂之連沙。沙之順起伏者、謂之曲沙。沙之左高者、謂之凸沙。沙之右卑者、謂之凹沙。順沙爲龍虎相順、純曲不卑不高、得其中庸、始謂之順沙。

五水局解

來看龍。去看水。一來一去不爽。使水局亂、則其勢散。無包容之美。無曲然之像。便不成水局矣。水有五水。曰近山水、去山水、朝山水、背山水、曲水。局有五局。曰生局、死局、歸局、散局、亂局。須一一明白之。

近山水解

山、卽穴場也。近於穴之水。曰近山水。有二種。曰帶水、衝水。凡近

山水如帶者曰帶水此爲美水凡近山水有如衝者曰衝水此爲惡水

去山水解

水既繞其山必有去山之處其去水如蜿蜒環抱不即不離者方佳若去山處無此水以歸結則不佳矣

朝山水解

水之於穴相距有三四里似現而非現者曰朝山水此水切忌直衝又忌傾下又忌直射去此三忌方爲美

背山水解

凡水之進出繞穴而過向後者背於穴曰背山水此水卻少吾

姑載之。

曲水解

二水過宮須灣曲。曲則勢成矣。

生局解

近山水曰、帶水者。爲生局。

芝罘按局因水成、水無局、局不局矣、

死局解

近山水曰、惡水者。爲死局。

芝罘按水本無死、死局本無死、所以稱其爲死者、以形勢言也、

歸局解

水有歸歟。即歸局也。

芝罘按水有源頭、其來也有所歸、其去也亦有所歸、故百川歸海。即此理也。

散局解

源有一源。水則有數。水橫。水縱。水經。水緯。水然必歸之於正水。若散則無局勢可言矣。

芝罘按散局者、即散水之稱謂也、

亂局解

小分曰散。大散曰亂。

芝罘按亂局、即散局之一大部也、

尋龍識得眞筌蹄。灣灣曲曲一妙生、三十三山山水秀。山山惟水自眞龍。解

欲識山水之筌蹄。惟以尋龍得之。龍之灣灣曲曲者。乃眞氣磅礴。山明水秀、而乃有化氣之機妙。欲尋龍、必先識山水。欲識山水、必看定山水之源頭。故曰、水有源頭脈有龍。

尋龍方法既識得可以氣勢爲眞詮解

天地之氣。五化流行。六氣不生。得其自然造化之機。其勢使然。尋龍識得眞萬妙。此中生。故曰、氣氣相生不相滅。勢勢相反復相絕。（按氣與勢不同、龍脈倘有勢則斷無氣絕之理）生旺困死平龍法。缺一有偏便災殃。生龍脈旺龍脈。平龍脈。均當遵乎法。若去一陰一陽便災殃。後世人多

以陽向爲純明。陰向不佳。不知陰陽一氣。由少陰少陽。而至太陰太陽。由太陰太陽。而至無極。由無極而至太極。由太極而至有天地。春主萌芽。夏主生長。秋主肅殺。冬主收藏。四時有四時之氣候。四季有四季之氣候。氣候順。天地位。萬物育。今背陰向陽。蓋未識孤陰不生。獨陽不長之理歟。

雜纂

謹按十一月二十五日、李瑞芝叩問選擇葬課規模、依時人所定、未知合格與否、謹依羅家所傳通書歷本、遵法推就當年山向條例、謹查山向、推定星曜、其式如下、

一龍運　山運　山命　兼穿音　星曜　曜煞　箭刃

日流　旬日　消滅煞　冲丁煞等星、查對不犯日干可能作用、

答曰、所問諸星、如各不犯日干。可作用。但偶一不慎、即觸犯。當慎之。

一亡人生庚、不犯冲剋、以及亡人應忌之天地空亡、入地空亡　落壙空亡　寸土無光　化命帶祿等星、可能作用、

答曰、亡人生庚、及以下諸說、皆不足以爲信。惟求其不犯即可。

一祭主生庚、與擇定日干、固不犯冲剋之最要、

答曰、若祭主生庚、當與擇定日干。切切不可稍犯、犯則冲剋。當

一五大印務局代印

慎之。

一用所利之月份神煞、亦當避之、兼用斗首太陽、或三合、或六合弔照臨山到向、如不能到山、向、可否能用、

答曰、單用不可。必兼用。且當到山向、切切不可單用。單用則神煞不能避之矣。

一日干應得扶龍補向、及化命得其生旺、用天乙天官貴人、臨於日時、兼化命得從合、或得三合、或得六合、此法可否須用、

此條未答、以日干難得兼全、不兼亦可、惟以化命爲重、故未答、

一如用休生傷杜景死驚開、八門、難以兼全、如何取用、

答曰、凡八門、難以兼全。惟以何門可空。即以何門作用。不必拘

拘求其全通。

一如二十八宿凶吉星曜、亦難兼全、是否須用、

答曰、大都二十八宿。不能兼全。惟就其一宿。可通則通。不必兼全二宿。

一紫白九星、逆順飛宮、安定按年月日時、更難兼全、是否須用、

答曰、亦無甚大用。

一七政四餘、此法可合於用、

答曰、此蔣盤用可不用。亦可不拘。惟識者行之。

又如立大門方位、遵前二十三條所　示、以宅山推入中宮、作變三煞方、設子午卯酉山向立開大門、正在本宅三煞方、應如何定局、

答曰、不必拘拘方位、當以中宮推之、

又如爐竈、碾磨、油榨、牛猪圈、其法不一、如壓於游年凶方、應對於吉方、壓於吉方、亦對於吉方、其法是否、

答曰、當以大游年爲準繩。如壓於凶方、自當對於吉方。卽壓於吉方、亦當對於吉方。

又起八方游年定位法、有謂從大門起、有謂從中宮起者、究從何進起、　其圖如下

照此圖大門、正在宅山三煞方上、應如何辨定、

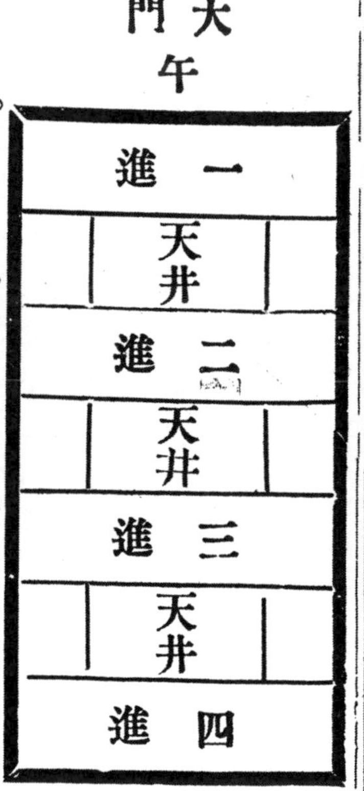

答曰、應從坐山、推入中宮。從中宮、推定八方。又從大門、推游年。照上圖、亦不必拘定。

一原眞書有紫白九星、配陽宅進數、取坐山爲主、專論生尅如中宮生山則大旺、山尅中宮則駁雜之類、若在尋常人家、或限於財力、或限於地勢、安能一一如法、是否須遵、

一陽宅三要及十書、載有東西四宅、及東西四命、備詳門主竈三

五大印務局代印

法、若者爲吉、若者爲凶、然東四宅、惟坎山離向、離山坎向、西四宅惟艮山坤向、坤山艮向、可開正門、餘則須按東西卦位開偏門、方吉、但門爲出入之路、若開偏、則出入既苦不便、且不雅觀、未審果有關禍福否、

答曰、地理在乎應變。何能拘看成法。若照成法、無一地不有毛病。無一地不有關礙。甚麼紫白九星。老衲自有老衲拙見。無論陰陽宅。均以立向爲主。無論若干進。若全以干、支配合。則屋起不成。蓋干支配合。本乎五行。五行生尅。由於陰陽方位。陰陽方位。由於地勢。造屋一進。有一進地勢。一廂有一廂地勢。因其地勢。而立坐山本位。向在後進。或左右進。均按本位方向。立後坐

山向左坐山向右坐山向方位地勢既不同則干支配合焉能無異紫白九星配陽宅進數坐山爲主此坐山乃以方位言之何能牽合也若照紫白九星則層層相因理有或爽則災害立見等說試問新宅如法造成則各房所住之人流年亦當與本房太歲方向推算倘有一不合則此房卽不能住此皆腐儒吹毛求疵之論曷能當爲成例則第二條答案不答亦可明白矣要之不外因勢成向因向成五行干支等若拘拘卦位定門戶吾見其不可也孥子了然否世間無絕地有絕向一言以蔽之如前十八立門條云開旁門當順地勢幾句勝他原眞多矣

東萊山維揚子跋

仗溪子所著之地理法門既成。囑余序。余自愧無江文通筆。不能盡述其巔末。乃綜其梗概如此。慨自靑囊經授地理之方針始定。玄武篇成堪輿之潮流復振。晚近數百年著地鞋者、殆不乏人。然不能貫通者、十有八九。或失之於推數。或失之於翻卦邪說橫行。異書迭出。各據非非。各載密密。洎乎靑田氏出。始立正議。地理之理復中興焉。然又失之於太深太妙。玄言玄理。能解之者不多。覯能行之者、則寥寥。是雖有其書。雖有其理。終難實行諸世。迨今世堪輿家、腹中既無成竹。便炫人惑衆。即研究者亦不能闢一新見。地理之衰。莫逾近世。此仗溪子地理法門之所由作也。余披閱其書。言淺而意深。道顯而理明。誠初學之指南針也。夫指南之道、究安在哉。堪輿之道、究安在哉。是不得不有以明之。溯自混沌初開。乾坤始奠。上則爲天。下則爲地。夫乾坤之奠。天地之分。究奠於何物。究分於何物哉。噫。我知之矣。一言以蔽之。曰、氣而已矣。易曰、二五之精。萬物化生。是故二五者、氣也。天所以立氣。立之耳。地所以成氣。成之耳。有是氣。始有春、有夏、有秋、有冬、有炎、有涼、春夏秋冬既分。炎涼既別。則四時行。草木生。人物長。地脉通。氣之功。誠大矣哉。然而氣之所以成氣。果龍噓之耶。曰、非然者。陰陽成之耳。當夫天地積鬱固塞。不通。草亡木卒。人死物傷。無分春夏秋冬。無分炎涼之氣。卽所謂地死也。地何以死。曰、無陰陽氣耳。人何以死。曰、無陰陽氣耳。觀夫天地之所以死人物之所以死乃知陰陽氣爲萬物化行之機又爲生死之關鍵而尤爲地理之一訣也彰彰昭明矣夫地理云者看其面積之廣闊審其地土之乾燥察其熱度之溫和考其地石之多寡如此而已遑云氣哉不知葬者藏也藏之者所以使其餐日月之精華飽天地之正氣也故曰入土爲安入土何爲勿暴其形骸勿爲虫蚊所嘬然後仁人孝子之心方安死者之露骸方有寄而得氣以化氣之於地理誠有益哉然而氣特地理之一斑耳其表其裏其中其外其脉其勢其形其巒其風其水尚未談及之其表有二水以環繞其外有二沙以抱顧其脉來則看來龍去則看結穴其勢左則看龍冋右則看虎

顧其形如面鼻如臍陰卽主穴口其巒前則看對峯後則看鬼撐樂山其風看藏而不散其水外則看蜿蜒迴繞曲折有情內則看金魚蟹眼元神交媾其中其裏當看土潤勿使有石此特就形勢大略言之至於陰向陽向均由講地理者各行其道耳吾少精此門徑敢進片言載諸書末俾後世後生小子得以覽焉是爲序

芝罘山人跋

指迷兮指迷解吾迷兮識吾全識吾全兮行吾自然行吾自然兮實賴書庇

諸仙贊

地理法門。使人識眞。吾行吾道。乃得其生。